NOTICE BIOGRAPHIQUE

SUR

M. PETIT GENET

PROFESSEUR D'HYDROGRAPHIE

NÉ A CORNIMONT.

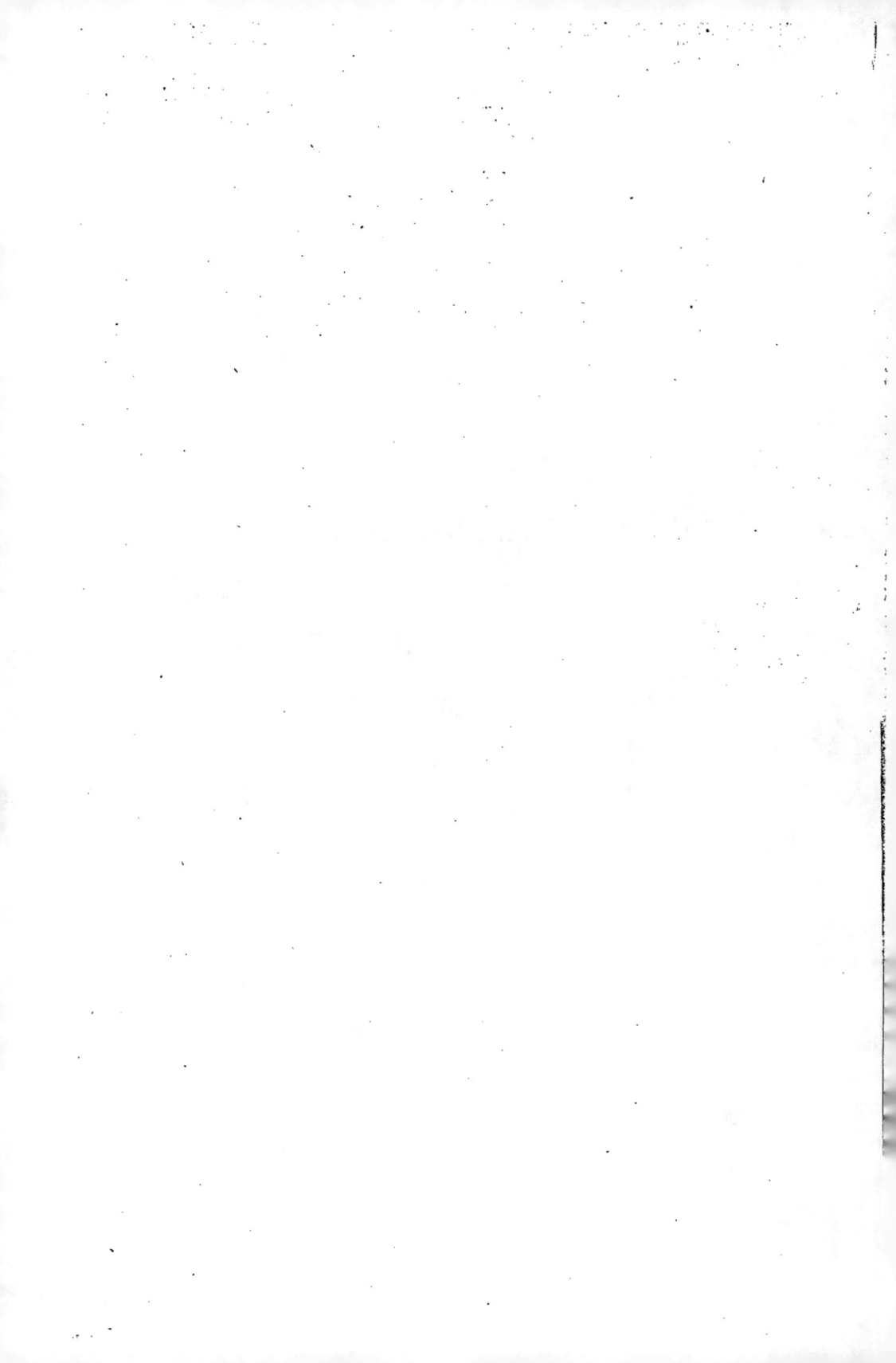

CONGRÈS ARCHÉOLOGIQUE

DE DUNKERQUE.

NOTICE BIOGRAPHIQUE

SUR

M. PETIT GENET

PROFESSEUR D'HYDROGRAPHIE

NÉ A CORNIMONT

Par M. J.-J. CARLIER.

DUNKERQUE

TYPOGRAPHIE BENJAMIN KIEN, RUE NATIONALE, 22.

Chez BACQUET, libraire, rue Nationale,

Et chez les libraires DE REMIREMONT et D'ÉPINAL (Vosges)

1861.

CONGRÈS ARCHÉOLOGIQUE
DE DUNKERQUE.

SÉANCE D'INAUGURATION. — LE 16 AOUT 1860.

NOTICE BIOGRAPHIQUE

SUR

M. PETIT GENET.

Dulce et decorum est!
HORAT. Lib. III.
(*Carmen II ad Romanos.*)

MESSIEURS,

Vous serez de notre avis, sans doute, qu'on ne saurait plus convenablement inaugurer un Congrès Scientifique que par des hommages rendus à la mémoire de ceux qui ont professé et propagé les sciences.

Vous serez encore plus de notre avis, quand vous saurez que j'ai fait choix, pour sujet de mon panégyrique, d'un homme de bien, dans toute l'acception du mot, d'un homme dont la vie entière fut consacrée à la diffusion des sciences parmi le peuple. L'éloge que je vais faire ici de lui est un hommage du cœur à un vieux maître de ma jeunesse, je dirai mieux, à un vieil ami ; et l'épigraphe de mon discours, que j'emprunte à Horace, résume la pensée qui m'a inspiré ce travail. *Dulce et decorum est!* C'est à dire qu'il m'est doux et glorieux de vous retracer ici, dans cette assemblée d'hommes tout à fait compétents en matière de sciences, et certainement justes appréciateurs des vertus civiles, la biographie du savant et vénérable mathématicien M. Petit Genet.

———

Parmi les honorables membres qui ont bien voulu répondre à l'appel du Congrès Archéologique de Dunkerque, nous aurions vu avec bonheur, dans notre auditoire, M. le baron Gay de Vernon, et c'est avec un profond chagrin que nous avons appris qu'une grave maladie de la vue le privait de se joindre à nous, suivant la promesse qu'il nous en avait faite, l'an dernier, au Congrès de Limoges (1). Là, nous lui avions entendu lire un excellent travail, que nous nous efforcerions en vain de prendre pour modèle, l'éloge du célèbre Gay-Lussac, savant physicien et chimiste, né au pays Limousin, mais dont la renommée européenne fait le juste orgueil de la France entière (2).

Messieurs, ce n'est point d'un talent aussi éclatant, aussi universellement acclamé, que nous allons vous entretenir ; le renom de notre professeur de mathématiques est resté circonscrit dans une sphère plus modeste ; mais, vous allez trouver qu'il s'était fait dans la science une place relativement élevée, et sans vouloir la porter aux nues, nous croyons que vous la jugerez digne d'une haute estime.

———

Jean-Joseph Petit Genet naquit le 29 Mai 1756 (3), à Cornimont en Lorraine (4), d'une nombreuse famille de simples paysans de la montagne. Il perdit sa mère de fort bonne heure, et fut élevé par une grand'mère dont la mort l'attrista beaucoup, en 1796. Il quitta son pays natal, dès l'âge de dix-huit ans, dans le légitime espoir de se faire une position qui le mît à même d'améliorer le sort de ses parents (5). Il s'achemina vers Paris, où il trouva, dès l'abord, à se placer comme maître de quartier au collége Louis-le-Grand. Son amour du travail sérieux l'éleva bientôt au rang des professeurs de cette illustre maison, et il y enseigna avec succès les langues mortes. C'est là que le savant Laplace sut deviner en lui une rare aptitude pour les mathématiques. Il en dirigea volontiers l'essor, et fit envoyer le jeune Petit Genet successivement aux écoles de Metz et de Châlons pour les enseigner (6).

Ce fut dans cette dernière ville qu'en Septembre 1793, il fut levé pour la première réquisition (7), et partit avec une compagnie d'artillerie pour l'armée des Ardennes à Mézières. Les administrateurs du département de la Marne l'avaient recommandé aux représentants du peuple à l'armée « pour le zèle » qu'il mettait à instruire la jeunesse ». Ceux-ci le nommèrent professeur de mathématiques, « avec une assez bonne paie, » dit-il, dans le corps de l'artillerie. A Mézières, il se fit connaître et aimer, dit-il encore, de la plupart des citoyens de cette ville, qui le nommèrent administrateur du District. « L'intrigue m'éloigna bientôt de ce poste, ajoute-t-il, et je » fus sur le point de quitter Mézières, pour aller faire un tour » au pays. » Mais, tout à coup, il fut choisi avec un habitant de Mézières pour aller réclamer, sur quelques points d'intérêt pour la ville, à la Convention Nationale. Il partit en poste pour Paris, et voici ce qu'il rapporte lui-même de cette mission à son père : « J'ai parlé deux fois à la barre, et grâce

» au ciel, je m'en suis tiré ; j'ai obtenu les deux fois les
» honneurs de la séance (8) ». A son retour à Mézières, il
fut nommé administrateur du District de Libreville ; mais,
dans le même moment, les représentants du peuple « lui
» enjoignirent, pour ainsi dire, » de siéger comme juge au
tribunal militaire du deuxième arrondissement de l'armée des
Ardennes. « Me voilà donc, pour le moment, juge militaire,
» écrivait-il le 13 Avril 1794, et fort occupé du matin jus-
» qu'au soir. Je ne sais si je resterai longtemps dans cette
» place ; mais cela m'importe peu, pourvu que je sois tou-
» jours honnête homme, et utile à ma patrie. Je suis pénétré
» de cette maxime que les places ne sont point faites pour
» l'avantage de ceux qui les possèdent, mais pour être occu-
» pées dans l'intérêt public » (9).

La vocation marquée et le talent que notre professeur mani-
festait pour l'enseignement, ne devaient point s'égarer dans des
fonctions d'une toute autre nature. Ceux qui avaient apprécié
M. Petit Genet le firent mander à Paris, en 1795, pour y pré-
sider les conférences à l'Ecole Normale, qui venait de s'ouvrir;
et, à la suspension inopinée de cette école (10), devenue plus
tard si célèbre, Monge, qui en avait été l'un des professeurs,
engagea M. Petit Genet à se présenter au concours, institué
pour recruter des maîtres à l'enseignement théorique des
études maritimes (11). Il sortit victorieux, le 22 Mai 1795,
d'un examen public, passé devant le savant Monge lui-même,
et il fut nommé professeur de navigation à Dunkerque (12),
où il succèda à Callet, dont le nom est attaché à la publica-
tion, en France, des *Tables de Logarithmes* de Gardiner,
qu'il a étendues et popularisées. Le brevet de sa place ne lui
fut délivré que le 17 nivose an IV (7 Janvier 1796) (13) ;
mais, dès le 13 Août 1795, il était venu tenir sa classe à
Dunkerque (14), et depuis lors, quoiqu'il fût à peine âgé de

quarante ans, toute son ambition s'arrêta à ce modeste emploi. Il résida sans interruption, pendant cinquante ans, à Dunkerque, toujours assiduement livré aux devoirs de son professorat (15).

La carrière enseignante de M. Petit Genet peut se diviser en deux périodes très-distinctes : celle de la guerre et celle de la paix.

De 1795 à la Restauration, ce fut l'époque ardente de la guerre universelle, continentale et maritime ; et dans la grande lutte de la France et de l'Angleterre, le port de Dunkerque eut un rôle important à jouer, autant par le mouvement de la marine militaire, que par celui des corsaires armés sur nos côtes.

Depuis 1816, ce ne fut plus qu'une époque paisible, de commerce, de navigation, de spéculations toutes pacifiques.

Dans cette dernière phase, l'œuvre de M. Petit Genet eut moins d'éclat peut-être que dans l'autre ; mais il n'eut pas moins à s'y dévouer, pour créer, en quelque sorte, tant de marins que réclamaient les besoins nouveaux de l'activité publique. C'était alors que les élèves se pressaient aux leçons du maître, qu'ils se hâtaient pour obtenir les brevets de maîtres au cabotage ou de capitaines au long-cours qui leur permissent de commander les navires de nos nombreux armateurs. La ville de Dunkerque seule sait le nombre de ses enfants qui, formés pendant vingt-cinq ans aux leçons de M. Petit Genet, sont devenus, par leur habileté dans l'art de la navigation, l'honneur du commerce maritime de notre port. Les voyages des Antilles, ceux de l'Inde, ceux de la Baltique, de la mer Noire, de la Californie, les tentatives des grandes pêches dans l'Océan Pacifique les ont vus partout

aux prises avec les plus difficiles épreuves de l'art nautique.
Et pour ceux qui, retirés au port, estiment avoir assez
combattu l'élément qu'ils ont si souvent bravé et dompté ;
qui, comme le philosophe d'Horace, regardent maintenant
du rivage les flots expirants à leurs pieds, n'en vois-je pas,
aujourd'hui même, des meilleurs et des plus honorables
figurer dans les fonctions que réclame le mouvement du
port de Dunkerque (16) ?

C'est aux leçons savantes de M. Petit Genet, avons-nous
dit, que les nombreux marins de notre génération ont dû à
Dunkerque la science qui les distingue. Mais, nous avons
besoin de vous découvrir, Messieurs, un autre caractère de
ces leçons qui ont été si fécondes. Leur efficacité était peut-
être due autant à la bonté, à la patiente bienveillance du
professeur qu'à son profond savoir. En effet, vous allez
le reconnaître avec nous, la science, celle des mathématiques surtout, est chose aride, ardue, très-rebutante de sa
nature ; et il est une qualité non moins nécessaire dans
le professeur, non moins précieuse que celle d'une solide
instruction; c'est celle de savoir rendre la science aimable,
de la faire agréer, de la faire pénétrer chez des natures
incultes, souvent rebelles aux enseignements trop sévères.
Eh bien ! Messieurs, c'était là la plus éminente qualité de M.
Petit Genet ; il savait faire aimer les mathématiques, il frottait
de miel les bords du vase pour en faire goûter l'amertume
sans trop de répugnance à toute cette jeunesse, assez disposée
au découragement devant les difficultés de l'étude.

Messieurs, c'est le grand art de la vie que celui de se faire
bien venir, de se faire accepter, et instinctivement notre

professeur le possédait au suprême degré. Car, comment expliquer autrement que, dans une ville où il arriva inconnu, dans notre pays de Flandre, où les habitudes et les façons de vivre diffèrent étrangement de celles d'autres provinces de France, comment expliquer, disons-nous, que le campagnard des Vosges se fût fait, dès son arrivée à Dunkerque et pendant cinquante années consécutives, le commensal et l'ami des familles les plus notables de la ville? Oui, Messieurs, nous l'avons vu par nous-même, M. Petit Genet était toujours reçu avec la plus parfaite cordialité dans les anciennes familles des Darras, des Mazuel, des Herrewyn, des Drouillard, des Morel. On s'intéressait à sa santé, comme à celle d'un enfant de la maison, on entourait le bon vieillard de soins et de prévenances, qu'il savait reconnaître par de petits services d'une véritable valeur. Nombre de jeunes gens et de jeunes personnes de nos familles lui ont dû des conseils et des leçons utiles. Cette bonne volonté de sa part s'étendait partout où il pouvait porter le secours de son savoir et de ses lumières. Plusieurs maisons d'éducation les plus respectables de la ville ont été heureuses de sa bienveillante intervention dans la direction de leur enseignement.

En preuve de l'estime universelle qui entourait M. Petit Genet à Dunkerque, voici ce que disait le journal de la localité, à l'occasion de la fête d'inauguration de la statue de Jean-Bart, en 1845 :

« A notre fête si patriotique, il a manqué un homme » éminent, auquel la commission avait réservé une place » d'honneur. Une indisposition et quatre-vingt-dix ans d'âge » ont privé la population de voir le plus honorable des pro- » fesseurs, et le meilleur des hommes, placé dans un fauteuil » décoré pour lui, en face de la statue de notre grand marin »

Il nous sera permis de donner le vrai mot de cette sympathie générale que M. Petit Genet inspirait à Dunkerque. Le voile en a été levé, dans les paroles prononcées sur sa tombe par M. Benjamin Morel, ancien député de Dunkerque (17), qui conduisait le deuil de notre vieux professeur, accompagné d'une foule considérable d'habitants de la ville, de marins de l'Etat et du commerce, d'officiers de la garnison et de la garde nationale.

« Bien des témoins, disait M. Morel, peuvent attester les » aumônes que faisait le pauvre vieillard; et, j'ai vu moi- » même, sourire des malheureux, qui baisaient en pleurant » sa main flétrie. Accablé d'ans et d'infirmités, vivant uni- » quement du denier laborieusement acquis par son tra- » vail (18), il oubliait ses propres besoins, dès qu'il voyait » des larmes à essuyer. Messieurs, si ce n'est pas là la vertu, » ajoutait M. B. Morel, où donc espérer de la trouver? »

Mais, n'allons pas oublier de vous parler, Messieurs, d'une partie de la vie de M. Petit Genet, qui n'est pas la moins glorieuse de son œuvre de dévouement à la science.

Pendant les premières années du siècle, Dunkerque était en pleine activité militaire et navale. Un préfet maritime résidait à Dunkerque. De grands mouvements de troupes de l'armée dite « d'Angleterre », commandée par Bonaparte, se faisaient partout sur le littoral du Nord, de Boulogne à Anvers. De fréquents engagements avaient lieu entre les frégates anglaises qui bloquaient nos côtes et les divisions de canonnières qui évoluaient d'un port à un autre, sous la protection des bancs de Flandre. Nelson fut même un jour battu et forcé à la retraite, dans la rade de Boulogne, le 15 Août 1801. On construisait sur les chantiers de Dunkerque des bricks, des prames, des frégates et des bateaux plats, qui servirent ensuite de noyau aux préparatifs de la grande expédition de descente en Angleterre.

Parmi les équipages de ces armements maritimes, on voyait beaucoup de fils de familles qui s'étaient enrôlés, encouragés par le grand élan d'aventure guerrière auquel la France était alors poussée. Tous voyaient devant eux la plus glorieuse carrière ouverte ; et si tous n'y parvinrent pas, il en est qui se firent une belle place dans la marine française.

Ces jeunes et ardents marins encombraient la classe de M. Petit Genet, qui se tenait dans les anciens bâtiments du collége des Jésuites. Le renom du professeur s'était tellement répandu que beaucoup de jeunes gens des départements voisins, qui se destinaient aux armes spéciales, et auxquels l'étude des mathématiques était indispensable, venaient à Dunkerque assister à ses leçons.

C'est à ce temps-là que M. Petit Genet, qui avait compté parmi ses élèves, aux écoles de Metz et de Châlons, ceux qui furent depuis : le général du génie Daullé, le général d'artillerie Tirlet, le général baron Evain, devenu plus tard ministre de la guerre en Belgique ; c'est à ce temps-là, disons-nous, qu'il appelait au tableau à Dunkerque, ceux qui, en grand nombre, devinrent enseignes, lieutenants, capitaines de vaisseau, amiraux même. Parmi les noms de cette catégorie, nous citerons de Bougainville, fils du navigateur qui a donné son nom à l'une des îles de la Polynésie (19) ; Kerguern de Kerguelen, de Dunkerque, petit-fils du navigateur dont le nom est attaché à une île des régions australes (20) ; l'amiral Massieu de Clerval, l'amiral Roussin. Nous parlerons de celui-ci tantôt, après avoir cité, à un moindre rang, Lemercier, Caron, Marbaisse, qui, tous trois aussi de Dunkerque, furent décorés pour leurs bons services, pour leurs blessures, ou pour leur captivité aux pontons d'Angleterre. A la paix, ils quittèrent la marine pour naviguer au commerce, et c'est avec eux que débuta la nouvelle génération des capitaines au long-cours qui surgit alors en notre

port. N'oublions pas celui qui sortit le dernier de l'école de
M. Petit Genet, pour le service de l'Etat, Victor Bernaert,
aujourd'hui capitaine de frégate en retraite; ni Gernaert
l'aîné, actuellement retraité, au grade d'inspecteur-général
des ponts et chaussées, en Belgique (21).

Quant à l'amiral Roussin, dont nous nous sommes réservé
de vous parler à part, voici comment nous avons été mis à
même de vous raconter les particularités d'une liaison et
d'une reconnaissance qui, datant de cinquante ans, ne s'étei-
gnirent qu'à la mort de notre cher professeur.

Etant allé un jour voir M. Petit Genet, — c'était, nous le
croyons, en 1832, — pour lui demander de nous expliquer un
problème de mathématique, qui avait soulevé une discussion
entre des convives à table, — l'excellent homme se prêtait à
ces importunités de ses anciens élèves, — à cet instant, il
nous montra, tout joyeux, un grand volume relié, qu'il
venait de recevoir par la diligence, et sur la garde duquel on
lisait ces mots, qui étaient signés : Le vice-amiral baron
Roussin ; « témoignage d'affectueux souvenir à mon vieux
» professeur et ami, M. Petit Genet ». Ce volume était la
collection, qui venait d'être publiée, des cartes hydrographi-
ques de la *Reconnaissance des côtes d'Afrique et du Bré-
sil*, expédition faite, de 1816 à 1820, sous la direction de
l'amiral.

La conversation s'établit entre nous sur les circonstances
qui avaient amené cette liaison si charmante de l'amiral et de
son ancien maître. M. Petit Genet nous raconta que le jeune
Roussin (Albin-Reine), était né à Dijon, en 1781 ; qu'à la
Révolution, son père, avocat au parlement, avait dû quitter
la Côte-d'Or, et était venu s'établir à Douai. Là, suspecté
d'aristocratie et arrêté, il n'avait obtenu sa liberté que par la
résolution généreuse de son fils, qui, à peine âgé de douze
ans, s'en était venu à Dunkerque s'enrôler dans la marine. Il

y servit comme mousse, du 21 Décembre 1793 au 14 Juillet
1794, sur la batterie flottante nommée *la République*, qui
était affectée à la défense du port de Dunkerque. Après six
années, passées dans les bas grades et dans de lointaines
croisières, le jeune Roussin revint, en 1800, à Dunkerque,
pour achever ses études théoriques, dans la classe de M.
Petit Genet. Il y consacrait de longues et pénibles nuits, et
il espérait un plein succès de ses laborieux travaux, quand
il apprit subitement la mort de son père, au moment même
où l'examinateur, M. Lévêque, faisait sa tournée. Dans son
désespoir, l'infortuné jeune homme voulait tout quitter et
retourner dans sa famille. Il allait ainsi perdre son avenir.
M. Petit Genet lui fit comprendre la nécessité impérieuse,
pour lui comme pour sa famille, de ne pas déserter la partie
en un moment aussi décisif; car, âgé de dix-neuf ans, il
n'avait plus, s'il manquait cette épreuve, la faculté de se re-
présenter pour la marine militaire. Notre excellent professeur,
se faisant le mentor, le père du futur ministre de la marine,
le força, le deuil dans le cœur, de monter résolument au tableau, où le 8 Messidor an IX (le 27 Juin 1801), il gagna son
grade d'aspirant de première classe. On sait ce qu'il est
advenu de la brillante carrière parcourue par le jeune aspirant de 1801, et l'éternelle reconnaissance qu'il en conserva
à son vieil ami.

———

Un dernier témoignage de cette touchante affection fut
donné à M. Petit Genet, en 1840, dans une occasion toute
solennelle. Parmi les faits remarquables de cette époque, on
se rappellera qu'une tempête assaillit un jour le roi Louis-
Philippe, qui s'était embarqué au Tréport avec une partie de
sa famille, pour une promenade en mer, sur la corvette à
vapeur *le Véloce*, commandée par le capitaine de vaisseau
Bechameil, et à bord de laquelle était aussi l'amiral Roussin,
ministre de la marine. Ne pouvant rentrer au Tréport, l'ami-

ral fit gouverner sur Boulogne, où la violence du temps l'empêcha également d'entrer. Force fut alors de se diriger sur Calais ; mais là, toujours dominé par une mer terrible, *le Véloce* manqua l'entrée du port, et accosta la tête de l'estacade, où l'on s'empressa de débarquer la famille royale. *Le Véloce* rejeté à la mer, l'amiral se vit dans la nécessité de faire route pour Dunkerque, où il arriva dans la nuit du 18 Août. Le jour venu, et sur la nouvelle de l'événement, M. Petit Genet, avec toute la hâte que lui permettaient ses 84 ans, se rendit à bord du *Véloce*, et c'est un souvenir pour beaucoup de marins du port, que l'air radieux avec lequel ils ont vu le vieux professeur d'hydrographie se promener familièrement au bras du ministre sur le pont du bateau. Une reconnaissance des plus amicales se fit dans cette entrevue, entre l'amiral et le professeur; mais là ne se borna pas l'effusion du sentiment de l'ancien aspirant de Dunkerque. Nous laissons parler sur ce sujet, car nous n'étions pas nous-même à Dunkerque dans ce temps-là, un témoin oculaire près de qui nous nous sommes enquis du fait. Voici ce que nous en a écrit Mlle Delphine Roussel :

« L'amiral Roussin, en grand costume de ministre, revêtu » du grand cordon, et la poitrine couverte de tous ses insi- » gnes d'honneur, est venu rendre, à celui qu'il a toujours » appelé son maître, la visite que celui-ci lui avait faite. » C'est moi-même, élève aussi de ce savant vieillard, qui l'ai » aidé à faire les honneurs de la réception. Le ministre était » accompagné de toutes les autorités de la Marine, la rue » était remplie de monde ; c'était une espèce d'ovation faite » au vénérable professeur ; tous les cœurs étaient émus. M. » Petit Genet fut l'ami intime de mon père pendant trente-six » ans, et les vingt dernières années de sa vie furent passées » au milieu de nous. C'est moi qui l'ai veillé pendant sa » dernière maladie, et qui ai reçu son dernier soupir. Il » nous aimait, comme il aurait aimé sa propre famille, et » nous le traitions en père ».

En 1800, à l'époque dont nous vous entretenions, Messieurs, le grand nombre d'ingénieurs et de fonctionnaires, de chefs des services maritimes, militaires et civils qui résidaient à Dunkerque, avait provoqué, parmi ces hommes instruits, le désir d'un point de réunion, et un cercle avait été fondé, sous le titre de *Salon Littéraire*, où une bibliothèque, choisie et sérieuse, occupait les loisirs des sociétaires. M. Petit Genet fut l'un des fondateurs de cette société (22), et c'est là qu'il se lia encore intimement avec un jeune employé des douanes qui, peu d'années après, n'était rien moins que le directeur-général des douanes de l'Empire, dont les limites s'étendaient alors, vous le savez, depuis Hambourg jusqu'à Rome, et comprenaient cent trente-trois départements. À la Restauration, en 1814, M. Ferrier, écrivain économiste, administrateur distingué, vint se retirer à la direction des douanes de Dunkerque. Il retrouva là son ancien collègue du *Salon Littéraire,* M. Petit Genet, et leur liaison se continua avec tous les caractères de l'estime et de la bienveillance. M. Ferrier fut un jour promu à la pairie ; M. Petit Genet, resté toujours professeur de mathématiques, resta toujours aussi l'une de ses plus anciennes amitiés (23).

Le même cercle de Dunkerque comptait parmi ses membres le colonel Lanchantin, de la 46ᵉ demi-brigade, qui conservait, aussi précieusement que son drapeau, le cœur de La Tour d'Auvergne, mort au champ d'honneur. Il y avait là aussi un jeune officier du nom de Cambronne, nom devenu célèbre, et consacré depuis comme le type de la fidélité loyale à l'Empereur. Il y avait encore là un lieutenant d'artillerie légère, nommé De Clermont-Tonnerre, que nous avons revu plus tard, en tournée à Dunkerque, en qualité de ministre de la guerre, sous la Restauration. M. Petit Genet était ami de tout ce monde, et ne cessa, pendant vingt-cinq

ans, d'être l'âme et l'honneur du *Salon Littéraire* de Dunkerque.

Chaque banquet anniversaire de sa fondation était animé par les couplets du professeur de mathématiques. Il eut peut-être le tort de permettre quelquefois à ses amis de livrer à la publicité ces innocentes productions (24). Elles étaient assurément fort peu ambitieuses ; elles avaient néanmoins le don d'exciter vivement l'intérêt du public. Malgré les grandes préoccupations de la guerre et de la politique, on s'occupait volontiers, dans ce temps-là, de bouquets à Chloris, de madrigaux et d'épigrammes. M. Petit Genet acceptait bravement l'échange des bons mots et des pointes satyriques avec une autre société, ayant pour titre *le Petit-Couvert de Momus*. Nous pouvons l'attester, pour avoir été nous-même combattant dans ces guérillas littéraires. Le public riait, tout le monde s'amusait. La jeunesse de cette époque ne se refusait point à produire de légères œuvres d'imagination ; elle n'avait pas encore trouvé le progrès qui consiste à exhaler ses inspirations en une plus légère... fumée.

En 1816, un officier du génie maritime faisait partie du *Salon Littéraire* de Dunkerque, et une relation d'estime et d'amitié, basée sur le goût commun des études sérieuses, s'était établie entre M. Petit Genet et celui qui fut depuis le baron Charles Dupin, pair de France. Nous avons vu, dans la bibliothèque de notre professeur, l'hommage qu'il reçut du savant statisticien, de son grand ouvrage : *Des forces militaires, navales et productives de la Grande-Bretagne.* Ce fut à l'instigation de M. Charles Dupin, que M. Petit-Genet se chargea de professer, à Dunkerque, le *Cours de géométrie et de mécanique, appliquées aux arts et métiers*, rédigé par le célèbre ingénieur. Nous possédons le *Discours* que M. Petit Genet prononça à la séance d'ouverture de son cours, le 29 Octobre 1825 (25). C'est un morceau rempli de vues excellentes, et de conseils généreux, adressés à ceux pour lesquels le cours était préparé.

Il était impossible que la renommée des utiles travaux de M. Petit Genet, consacrée par l'unanimité des vœux d'une population nombreuse, ne parvînt pas en haut lieu, et ne lui valût pas les insignes d'honneur justement créés pour le mérite. Or, voulant nous enquérir sur l'exacte vérité à cet égard, M. le grand-chancelier nous a fait la grâce de nous informer que c'est par ordonnance du 22 Mai 1825 que M. Petit Genet fut nommé chevalier de la Légion-d'Honneur, en qualité de professeur de navigation, et qu'il fut promu officier de la Légion, le 21 Août 1840 (26), comme professeur d'hydrographie en retraite (27). Il y a lieu de croire que cette dernière distinction fut accordée sur la recommandation de l'amiral Roussin, à la suite de sa visite à Dunkerque.

Nous savions tous que M. Petit Genet était versé dans la science des mathématiques et que son savoir dépassait la fonction à laquelle il se dévouait. Nous ne faisions que soupçonner que ses travaux fussent recherchés par les éditeurs d'œuvres scientifiques de la capitale. Nous avons eu la fortune de découvrir un document qui nous en a convaincu. Dans une vente de lettres autographes, à laquelle nous assistions il y a quelques années à Paris, nous avons saisi l'occasion d'acquérir, dans un lot de lettres de savants mathématiciens et géomètres, au milieu des grands noms des Monge, des Prony, des Laplace, une lettre de M. Petit Genet, adressée de Dunkerque, le 7 Prairial an XI (27 Mai 1803), au citoyen Firmin Didot à Paris. « Malgré la faiblesse de ma santé, qui » m'a un moment ôté le goût de toute espèce de travail, je

» poursuis, dit M. Petit Genet, celui que je vous ai promis
» sur l'algèbre de Bezout. S'il répond à l'estime que j'ai pour
» vous, vous serez content, c'est le seul prix que j'y mette. »

Après les preuves multipliées des aptitudes scientifiques de
notre professeur, il nous reste à vous entretenir d'une dernière
preuve de l'excellence de son caractère.

M. Petit Genet avait, dans tous les temps, gardé au cœur
les précieux souvenirs de son jeune âge (28), et un jour, en
1829, âgé de plus de 72 ans, ayant quitté son pays natal depuis plus de cinquante, il voulut aller revoir le lieu de sa
naissance, où il lui restait encore des frères et quelques
parents. Nous lui avons entendu raconter, à son retour, quel
serrement de cœur il avait éprouvé à ne plus rien reconnaître
des lieux ni des personnes qu'il cherchait, à se voir à peine
reconnu de sa propre famille. Il eut alors, nous dit-il, un bon
ressouvenir de sa chère ville de Dunkerque, de sa seconde
patrie, où il avait dix familles pour une, qui toutes l'aimaient,
et lui étaient aussi affectionnées qu'auraient pu l'être les
meilleures familles du sang. Il se donna pour se consoler, le
bon vieillard, le petit bonheur d'inviter à un repas tous les
Petit Genet des environs. Il en réunit une trentaine, hommes,
femmes, enfants, neveux, cousins, étrangers peut-être. « J'in-
» vitai tout le monde, dit-il, pourvu que ce fussent d'honnêtes
» gens ». Il en était bien peu qui sussent seulement qu'il
existait, et qu'il avait fait cent cinquante lieues pour aller les
voir. Chacun d'eux trouva pourtant sous sa serviette une pièce
d'or de vingt francs. Messieurs, n'est-ce point là une scène
de l'ère des patriarches, que ce banquet, présidé par l'ancien
de la famille, et cette généreuse distribution, provenue peut-
être d'économies pénibles pour celui qui se la permettait,
dans un but si charitable et si bienveillant ?

Quoi qu'il en soit, s'il y avait un hommage à adresser, un panégyrique à prononcer, une inscription à tracer à la mémoire de M. Petit Genet, notre excellent mathématicien, cet homme de bien et de savoir, il était difficile d'espérer que ce fût à Cornimont, le village des Vosges, où est né M. Petit Genet (29), où quelques cœurs généreux s'émeuvent sans doute au récit de la vie de cet homme de dévouement, mais dont le plus grand nombre sait à peine qu'ils ont eu un compatriote qui les honore autant; ce devait être à Dunkerque qu'il nous appartenait d'accomplir ces choses, et dans une circonstance aussi mémorable que celle qui réunit ici tant de gens de savoir, à même d'apprécier la valeur de pareils éloges; à Dunkerque où M. Petit Genet a vécu la plus grande partie de sa vie, un demi-siècle entier, où il a rendu d'immences services à nos nombreuses populations maritimes, où il est mort entouré de l'estime universelle, bienfaiteur d'un grand nombre, ami de tous.

———

Nous, voyageur égaré loin du sol natal, où nous sommes revenu aujourd'hui accidentellement pour prendre part à la glorieuse solennité qui honore notre ville, à laquelle nous portons toujours un souvenir filial; revenu pour prendre notre part de la réception qu'elle fait aux hommes d'élite qui ont bien voulu venir nous seconder dans cette œuvre de labeurs scientifiques et de civilisation; nous sommes allé, ce matin même, visiter les tombes de tant d'amis que nous avons laissés ici, et qui nous sont toujours chers. Dans cette religieuse excursion, c'est avec une touchante émotion, Messieurs, que nous avons lu sur la pierre de M. Petit Genet ces mots simples comme l'était celui qui les a inspirés, ces mots que bien des tombeaux fastueux envieraient, et que rarement les grandes gloires de la terre obtiennent : « Au savant » modeste! au meilleur des hommes ! Ses élèves et ses » amis » (30).

Messieurs, ce monument est fort honorable, sans contredit, mais il n'arrive peut-être pas à toute l'utilité qu'on peut désirer de pareils hommages. Je proposerais, ce serait fort peu coûteux et je m'y associerais de tout mon cœur, qu'une simple tablette de marbre, portant une inscription où seraient rappelés en peu de mots les services de M. Petit Genet, fût encastrée dans le mur intérieur de l'école d'hydrographie de Dunkerque, qui se tient maintenant dans les bâtiments du Parc de la Marine. Cette tablette commémorative serait un constant rappel aux élèves de l'école de ce qu'ils doivent de respect aux maîtres qui se vouent à leur instruction. Elle serait, en même temps, un encourageant espoir pour les professeurs, successeurs de M. Petit Genet, avec non moins de zèle que lui, sans doute, et avec toute la science que leur fonction comporte ; mais auxquels l'âge et le temps font seuls défaut pour obtenir de pareils témoignages de l'estime qu'ils inspirent (31).

NOTES.

(1) page 6.

M. le baron Gay de Vernon, ancien officier d'état-major, membre de la Société Archéologique et Historique du Limousin, est auteur de plusieurs ouvrages, où les questions de tactique militaire sont savamment traitées. A notre sollicitation, il a fait hommage à la bibliothèque communale de la ville de Dunkerque de son *Mémoire sur Custine et Houchard* (1844, un vol. in-8°), dans lequel le récit de la bataille d'Hondschoote est rapporté sur les documents les plus authentiques.

(2) page 6.

M. Gay-Lussac, pair de France et membre de l'Institut, est né à St-Léonard (Haute-Vienne), en 1778.

(3) page 7.

Il y a peut-être une erreur dans la date de la naissance de M. Petit Genet, indiquée au 29 Mai 1756. Elle nous est donnée par le monument qui lui a été élevé dans le cimetière de Dunkerque. Mais, M. Petit Genet a écrit lui-même, dans une lettre du 13 Novembre 1841, adressée au maire de Cornimont : « qu'il aura 86 » ans accomplis le 29 du mois prochain (Décembre) ; » à moins qu'il n'ait cru écrire : « le 29 de Mai prochain. »

(4) page 7.

Cornimont, sur l'une des sources de la Moselle, est aujourd'hui une commune de l'arrondissement de Remiremont, au département des Vosges. Il y a un siècle, sa population pauvre, éparpillée dans les montagnes et sur les côtes, comptait à peine un millier d'habitants ; aujourd'hui, l'industrie a vivifié cette contrée intéressante, et sa population d'artisans, sobres, vaillants et laborieux, s'est augmentée considérablement, surtout depuis vingt

áns ; elle compte maintenant plus de 4,000 âmes. Le nom et la
parenté des Petit Genet y sont encore très-répandus. La moitié
environ des habitants cultive de petites fermes sises sur les montagnes et les côteaux. En général, ces cultivateurs, bûcherons,
paysans, sont peu aisés. Mais la population cornimontaise, propre-
ment dite, trouve plus d'aisance dans le travail manufacturier. Elle
comprend au moins 1,500 ouvriers d'ateliers, dont 1,100 environ
sont occupés dans les seuls établissements de M. Georges Perrin.
Les filatures de coton de Cornimont mettent en œuvre près de
30,000 broches. En un mot, le pauvre village où est né M. Petit
Genet est aujourd'hui une ville industrielle qui tend à un grand
développement de prospérité.

(5) page 7.

M. Petit Genet a religieusement rempli le devoir qu'il s'était
imposé envers sa famille. L'examen que nous avons fait d'une
liasse de lettres, adressées par lui à divers parents et amis, dans
le long intervalle de 1789 à 1841, nous a prouvé qu'il n'a cessé
d'envoyer de fréquents secours à son père, lui renouvelant chaque
fois, ainsi qu'à « sa chère et bonne belle-mère » les témoignages
de la plus tendre affection. Ainsi : « 1801. Ma plus grande satis-
» faction sera de faire le bonheur de votre vieillesse. — Mes vœux
» les plus ardents sont que vous viviez heureux, vous et votre
» digne femme ; à ce titre, elle mérite tout mon amour et mon
» respect. — 1802. Je vous conjure de ne pas tant travailler.
» Reposez-vous des fatigues que vous avez prises pour élever
» votre nombreuse famille. — 1804. Je suis confus des remercie-
» ments que vous me prodiguez au sujet des faibles secours pécu-
» niaires que je vous ai envoyés ; le premier devoir que nous
» inspire la religion, c'est d'honorer les auteurs de nos jours.
» — Ne vous épuisez point par le travail, prenez des ouvriers
» pour faire votre ouvrage. Mandez-moi ce qu'il vous faut, je
» vous enverrai tout ce que je pourrai. — Je remercie la bonté
» divine qui a bien voulu vous rétablir. J'embrasse tendrement
» ma chère mère, elle a des droits éternels à ma reconnaissance
» pour les soins qu'elle vous prodigue. — 1805. Vous n'aurez rien
» perdu pour attendre le petit secours que je vous ai promis. Voici
» 200 francs au lieu de 100. » — 1816. M. Petit Genet, ayant
perdu son père à cette époque, envoyait, le 21 Décembre, la somme

de 100 francs à sa belle-mère, avec un pouvoir en blanc, pour en user, dans ses propres intérêts, comme elle le jugerait convenable.

(6) page 7.

M. Petit Genet était à Metz, en 1789, « où il avait autant » d'écoliers qu'il lui était possible d'en faire. » Il était à Châlons, en 1793 (Lettres du 14 Juin 1789, et du (24 germinal an II) 13 Avril 1794).

(7) page 7.

La loi du 23 Août 1793 mit en réquisition, pour la défense du territoire, tous les hommes valides de l'âge de 18 à 40 ans.

(8) page 8.

Nous avons parcouru tous les *Moniteurs* de cette époque, et nous y avons vainement cherché le nom de M. Petit Genet, parmi les orateurs de députations de toutes sortes qui étaient alors admis à parler devant la Convention. Le motif d'intérêt qui le fit députer par la ville de Mézières à l'assemblée et qui le fit « partir en poste » fut, nous le croyons, d'aller réclamer contre le décret du 24 pluviose an II (12 Février 1794) qui, sur le rapport de Barrère, avait ordonné, séance tenante, que l'école du génie, établie à Mézières, fût transférée à Metz. La ville de Mézières n'avait qu'un désir bien légitime, en voulant conserver dans son sein l'école, qui y était établie depuis 1748, et dont l'enseignement avait acquis une grande renommée; mais, quel que fût le zèle de M. Petit Genet, il est trop évident que son influence ne pouvait aller, dans ce temps-là surtout, jusqu'à obtenir qu'une décision d'une telle importance fût rapportée; — peut-être fut-il aussi chargé d'offrir à la Convention quelque don patriotique, comme on le voit alors de beaucoup de députations de communes, non dénommées, mais mentionnées en bloc.

(9) page 8.

Les lettres de M. Petit Genet, de 1789 et de 1794, ne sont pas exemptes de l'entraînement des idées de l'époque, telles que : « Amour pour la patrie ! — Haine aux tyrans et aux imposteurs ! » — Soyons toujours bons républicains ! » Mais ce jargon du temps est toujours tempéré sous sa plume, par les sentiments purs

et généreux, de justice, de probité, de bienveillance envers tous. On peut se fier à M. Petit Genet sur ce qu'il entendait par honnêteté dans ces temps difficiles. Voici ce qu'il écrivait à l'un de ses frères, le 15 messidor an IV (3 Juillet 1796) : « J'ai été très-
» affligé d'apprendre le remboursement en assignats que notre
» frère Jean-Nicolas a eu l'indignité de vous faire, pour le paiement
» du petit bien que vous lui avez vendu. Ce n'est pas vous qui
» êtes le plus malheureux des deux. Dites-lui que je suis outré de
» l'infâmie de sa conduite, et d'un si criminel et honteux rem-
» boursement. » Sa lettre se terminait néanmoins par ces mots, qui donnent la parfaite mesure de sa bonté d'âme : « Assurez bien
» de ma tendresse... même mon frère Jean-Nicolas, quoique
» je sois très-fâché contre lui. »

(10) page 8.

L'école normale avait été créée par une loi du 9 Brumaire an III (30 Octobre 1794), mais les cours ne furent ouverts que le 1er Pluviose suivant (20 Janvier 1795), et ils ne durèrent pas alors plus de trois mois, l'état du Trésor ne permettant pas d'en continuer la dépense ; ils furent fermés le 26 Avril.

(11) page 8.

Les écoles de navigation avaient été établies par décret du 10 Août 1791. Elles ne doivent point être confondues avec les « écoles révolutionnaires de navigation et de canonnage », instituées par une loi du 11 Nivose an III (31 Décembre 1794).

(12) page 8.

L'hydrographie est une science plus étendue que ne l'indique l'étymologie de son nom, qui veut dire l'art de naviguer par règles et par principes. Selon Valin, dans son célèbre *Commentaire de l'ordonnance de* 1681, l'hydrographie est à la navigation, ce que la tactique et la chorographie sont à l'art militaire. Suivant l'amiral Willaumez, dans son *Dictionnaire de marine*, elle enseigne, par les formules mathématiques, à pointer les cartes, à relever le plan des côtes, à calculer la position des vaisseaux, par les observations astronomiques ou par l'estime, et à diriger leur route dans tous les parages navigables. D'après l'article VII de l'ordonnance, les professeurs d'hydrographie étaient exempts de guet et de garde, de tutelles, de curatelles, et de toutes charges publiques.

(13) page 8.

La date du brevet de M. Petit Genet nous est fournie par une note sur l'école de navigation de Dunkerque, insérée à l'Almanach de Dunkerque pour l'an XIII (1804-1805); note que nous avons des raisons de croire provenue de M. Petit Genet lui-même.

(14) page 8.

La date de prise de possession de sa classe est mentionnée sur la matricule de la marine, et sur le brevet de retraite, qui fut délivré à M. Petit Genet, le 27 Février 1840.

(15) page 9.

En 1804, un suppléant, M. Ollivier, fut donné à M. Petit Genet, pour tenir sa classe à Dunkerque, pendant environ six mois qu'il fut détaché à Boulogne, chargé d'instruire les jeunes marins de la flottille impériale, jusqu'aux examens qu'ils avaient à passer en Octobre. Ce suppléant lui fut conservé quelque temps, puis fut nommé lui-même professeur à Boulogne, en 1805.

(16) page 10.

Caron, membre de la Légion-d'Honneur, chef à terre des pilotes. — H. Petyt, lieutenant de port.

(17) page 12.

M. Petit Genet avait, par un testament olographe, daté du 12 Septembre 1842, institué pour légataire de la modeste somme produite par ses économies, M. Benjamin Morel, qui avait le secret des affections intimes que le bon vieillard laissait à sa conscience de satisfaire. Nous savons qu'une somme de 500 francs fut donnée à M. Roussel, orfèvre, dans la famille duquel M. Petit Genet avait passé les vingt dernières années de sa débile et maladive existence. Une autre somme de 400 francs fut partagée entre plusieurs filleuls du professeur ; et enfin, après quelques menues distributions, une somme ronde de 11,000 francs fut envoyée par M. Morel au maire et au notaire de Cornimont, pour être distribuée aux parents du défunt ; inégalement, selon le vœu de M. Morel, en consultant seulement le degré de nécessité que chacun d'eux en avait. L'opinion à Cornimout, à ce que nous a attesté le maire actuel, M. Georges Perrin, est que M. B. Morel a donné, dans cette circonstance, une valeur supérieure à celle délaissée par M. Petit Genet. Notre opinion personnelle, basée sur le vu de certaines pièces qui nous sont passées par les mains, est que la donation du légataire a certainement dépassé le legs du donataire.

(18) page 12.

« Excusez-moi de ne rien vous envoyer, écrivait M. Petit
» Genet à son père, de Dunkerque, le 15 Messidor an IV (3 Juillet
» 1796) ; j'ai été six mois sans recevoir d'appointements, dont trois
» me seront payés en assignats, qui feront à peu près 45 sous par
» mois, valeur métallique. Tous les fonctionnaires à la solde du
» gouvernement, qui n'ont point de ressources par eux-mêmes,
» sont dans la dernière des misères ».—Et en Février 1804 : « on
» me retient le quart de mes appointements pour les frais de la
» guerre ; voilà pourquoi je me trouve un peu à l'étroit. »

(19) page 13.

Le chef d'escadre De Bougainville, né en 1729, mort en 1811, découvrit, en 1768, l'une des îles de l'archipel Salomon qui porte son nom.

(20) page 13.

Le vice-amiral De Kerguelen, né en 1745, mort en 1797, découvrit, en 1772, l'île dite Terre de Kerguelen, ou de la Désolation.

(21) page 14.

Beaucoup d'autres noms honorables d'anciens élèves de M. Petit Genet nous sont revenus tardivement à la mémoire depuis la rédaction de notre notice. Nous nous reprocherions de ne pas rappeler les suivants :

Bernard-Joseph Legrand, de Dunkerque, était, dès 1810, répétiteur des leçons de M. Petit Genet. Après avoir été nommé lui-même professeur d'hydrographie à Calais, il vint, en 1840, remplacer son maître à Dunkerque, d'où il passa en 1845 à Rochefort. Il est décoré de la Légion-d'Honneur ét a été admis à la retraite en 1850.

Le général Aupick, né à Gravelines le 28 février 1789, avait reçu dans ses jeunes années des leçons de M. Petit Genet. Il a donné un souvenir à son vieux maître, en se faisant inscrire parmi les souscripteurs au monument qui lui a été élevé à Dunkerque en 1847. Le général Aupick, qu'on a vu successivement ambassadeur à Constantinople en 1848, et à Londres en 1851, puis sénateur en 1853, est mort le 29 avril 1857.

(22) page 17.

Le *Salon Littéraire* de Dunkerque, qui a subsisté pendant environ une trentaine d'années, avait été fondé, le 1er Germinal an VIII (22 Mars 1800). Composé dès l'abord de plus de cent membres, il occupait le premier étage de la maison où se tenait le *Café du bon goût*, rue Nationale.

(23) page 17.

M. Ferrier, nommé pair de France en 1842, est mort à Paris le 11 Janvier 1861, à l'âge de 84 ans.

(24) page 18.

On lit dans le *Journal d'annonces et avis divers* de Dunkerque, du 14 Ventose an IX (5 Mars 1801), des couplets chantés par M. Petit Genet au banquet civique, donné par le *Salon Littéraire*, à l'occasion de la paix de Lunéville.

Dans le numéro du 14 Germinal an IX (4 avril 1801), il y a de nouveaux couplets de lui, sur le même sujet.

Dans celui du 23 Mai 1810, on lit des vers sur M. Belmas, évêque de Cambrai.

Et dans le n° du 12 Juillet 1815, des couplets sur le retour des Bourbons.

(25) page 19.

Discours prononcé à l'ouverture du Cours de Géométrie et de Mécanique, appliquées aux arts et métiers, le 29 Octobre 1825, par M. Petit Genet, professeur d'hydrographie à Dunkerque et chevalier de la Légion-d'Honneur. Imprimé à Dunkerque, chez Drouillard, in-8° de 14 pages,

(26) page 19.

M. Petit Genet est inscrit, en qualité d'officier de la Légion-d'Honneur, au n° 39150 du registre matricule de l'ordre. — Sa croix d'officier a été envoyée à son frère, Simon Petit Genet, par M. B. Morel, le 2 Octobre 1854.

(27) page 19.

M. Petit Genet fut mis à la retraite, après 45 années d'exercice, le 27 février 1840.

(28) page 20.

Dans toutes ses lettres à sa famille, M. Petit Genet répétait qu'il se rappelait au souvenir de tous, frères et sœurs, beaux-frères et belles-sœurs, oncles et tantes, cousins et cousines, nièces et neveux, parrain, marraine, filleuls, de toutes ses connaissances enfin. — Il écrivait le 24 Février 1804 à son père : « Exprimez » ma sincère reconnaissance au respectable curé de Saulxures, » M. Olry, pour toutes les bontés dont il me comblait, quand » j'étais au pays. — Et présentez mes respects à M. Vaudechamp, » notre ancien curé, revenu à Cornimont. »

(29) page 31.

La conviction toute loyale où l'auteur était, en prononçant ces paroles au Congrès archéologique de Dunkerque, s'est trouvée depuis lors heureusement contredite, par les détails que nous nous empressons de consigner dans cette note.

M. Georges Perrin, chef d'un vaste établissement industriel à Cornimont, et maire de la commune, a bien voulu nous apprendre, par lettre du 18 Décembre 1860, qu'à la suite de la mort de M. Benjamin Morel, arrivée à Dunkerque le 24 Août, pendant la durée même du Congrès scientifique, M. Alfred Morel fils avait envoyé à Cornimont un portrait de M. Petit Genet. « Ce portrait » sera placé dans la salle de la Mairie, dit M. G. Perrin ; l'image » de notre compatriote ne saurait inspirer que des sentiments

» généreux à la population, et déjà l'idée a surgi d'une pyramide,
» en simple granit des Vosges, à élever à la mémoire de M. Petit-
» Genet, sur la belle place de la Pranzière. Le conseil municipal a
» pris l'initiative de cette manifestation, et une souscription qu'on
» espère voir monter à 1400 francs, assurera l'exécution de ce
» vœu patriotique ». — Un décret impérial du 23 Janvier 1861 est
venu autoriser la commune de Cornimont à décerner cet hommage
monumental à celui de ses enfants qui a si honorablement su
prendre rang parmi les illustrations du pays vosgien.

(30) page 21.

A la mort de M. Petit Genet, arrivée le 1er Janvier 1847,
il se forma spontanément un comité chargé de recueillir des sous-
criptions pour élever un modeste monument à sa mémoire. Ce
comité, composé de MM. B. Morel, président, Devries aîné, Collet
aîné et Constant Darras, capitaines au long-cours, réunit une
somme de 1,144 francs, dont 770 fr. 40 furent employés aux
frais d'érection de la colonne de marbre et de la grille qui l'entoure.
Le solde de 373 fr. 60 fut déposé à la caisse d'épargne de Dunkerque pour subvenir à l'entretien du monument.

L'amiral Roussin a figuré pour 100 francs à cette souscription.
Il est mort depuis lors, le 21 Février 1854. — Voir ci-dessus la
note (21).

(31) page 22.

*Extrait du procès-verbal de la séance d'inauguration du Congrès
de Dunkerque.*

La notice de M. Carlier s'adressait trop aux sympathies de
l'assemblée, pour que des témoignages unanimes de satisfaction
lui fissent défaut. Il n'est personne à Dunkerque qui n'ait conservé le souvenir de M. Petit Genet, de cet excellent vieillard, à
qui la population maritime tout entière a été si redevable.

M. De Caumont, président de *la Société française d'Archéologie*,
sous les auspices de laquelle a été convoqué le Congrès, s'est levé
et a annoncé à l'assemblée que la Société se chargeait de l'accom-
plissement du vœu de l'auteur.

Cette généreuse initiative a été accueillie par une triple salve
d'applaudissements.

En conséquence de la décision ci-dessus, l'inscription de la tablette projetée a été convenue en ces termes :

A JEAN-JOSEPH PETIT GENET,
NÉ A CORNIMONT (VOSGES), LE 29 MAI 1756,
MORT A DUNKERQUE, LE 1ᵉʳ JANVIER 1847,
OFFICIER DE LA LÉGION-D'HONNEUR,
PROFESSEUR D'HYDROGRAPHIE A DUNKERQUE,
DE 1795 A 1840.

—

LA SOCIÉTÉ FRANÇAISE D'ARCHÉOLOGIE,
RÉUNIE EN CONGRÈS A DUNKERQUE,
LE 16 AOÛT 1860.

Dunkerque.—Typographie Benjamin KIEN, rue Nationale, 22.

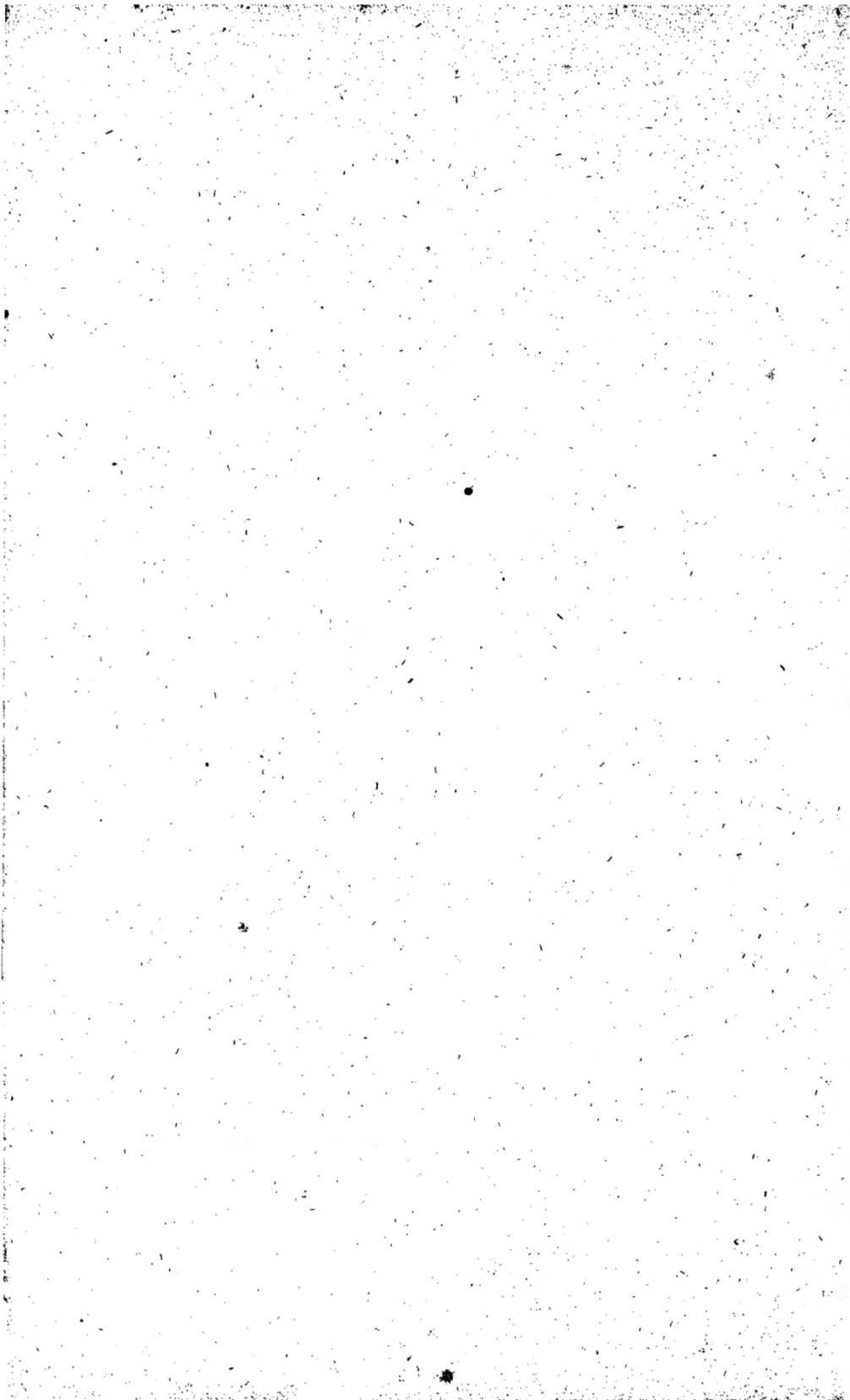